신기한 스쿨 버스

물방울이 되어 정수장에 갇히다

신기한 스쿨 버스

The Magic School Bus® - At the Waterworks

물방울이 되어 정수장에 갇히다

조애너 콜 글 · 브루스 디건 그림 / 이연수 옮김

비룡소

이 책을 준비하는 데에 도움을 주신
콜로라도 주 덴버의 미국 수도국 기술 서비스부 여러분들과
낸시 제이리그 씨께 감사드립니다.

1. 물방울이 되어 정수장에 갇히다

1판 1쇄 펴냄—1999년 10월 1일, 1판 56쇄 펴냄—2016년 12월 16일
글쓴이 조애너 콜 그린이 브루스 디건 옮긴이 이연수 펴낸이 박상희
펴낸곳 (주)비룡소 출판등록 1994. 3. 17. (제16-849호)
주소 06027 서울시 강남구 도산대로1길 62 강남출판문화센터 4층
전화 영업 02)515-2000 팩스 02)515-2007 편집 02)3443-4318,9
홈페이지 www.bir.co.kr
제품명 어린이용 각양장 도서 제조자명 (주)비룡소 제조국명 대한민국 사용연령 3세 이상

The Magic School Bus: At the Waterworks
by Joanna Cole and illustrated by Bruce Degen
Text Copyright ⓒ 1986 by Joanna Cole
Illustrations Copyright ⓒ 1986 by Bruce Degen
All rights reserved and/or logos are trademarks and registered trademarks of Scholastic, Inc.
Korean Translation Copyright ⓒ 1999 by BIR
Korean translation edition is published by arrangement with
Scholastic Inc., 555 Broadway, New York, NY 10012, USA through KCC.
Scholastic, THE MAGIC SCHOOL BUS, 신기한 스쿨 버스
and/or logos are trademarks and registered trademarks of Scholastic, Inc.

ISBN 978-89-491-3046-0 74400 / ISBN 978-89-491-5023-9(세트)

레이첼에게

— 조애너 콜

물 박사님이신 제리 삼촌께

— 브루스 디건

우리 반은 정말 운이 나빴어요.
올해 우리 담임 선생님이 누군지 알아요?
글쎄, 학교에서 가장 이상한 선생님,
바로 곱슬머리 프리즐 선생님인 거예요.

선생님께서 뭘 입고 다니시건 상관없어요.

뭘 신고 다니시건, 그것도 별로 큰 문제는 아니죠.

우리가 정말 황당해하는 건 선생님이 내는 과제라고요.

프리즐 선생님은 우리한테 오래된 빵 조각에

푸른곰팡이를 키우라고 하십니다.

또 찰흙으로 쓰레기 처리장 모형을 만들라시고,

동식물 그림을 그리라시고,

일주일에 과학 책을 다섯 권씩 읽으라세요.

8

다른 반은 동물원에 간대요.

서커스 보러 가는 반도 있고요!

우리 반은 어디로 가기로 했는지 아세요?

글쎄, 정수장이래요!

이 견학 수업 때문에 우리는 한 달 내내
도서관에 틀어박혀 있어야 했답니다.
우리 도시가 어디에서 수돗물을
얻는지 자세하게 조사해야 했어요.
또, 물에 대한 흥미로운 사실도 열 가지씩
조사해야 했고요.

11

우리는 고물 스쿨 버스를 타러 주차장으로 갔습니다.
그런데 어째 이런 일이?
버스 운전석에 기사 아저씨가 아니라
프리즐 선생님께서 앉아 계시는 거예요.

버스는 껌껌한 터널로 들어갔습니다.
그런데 터널을 나오자 놀라운 일이 벌어졌죠.
버스 모습이 완전히 달라져 있었답니다.
우리 모습도 달라져 있었고요.
우리 모두 잠수복을 입고 있는 거예요!
프리즐 선생님도 그렇고요.

엄마
보고 싶어.

13

물에 대한 사실 3
　　　　　-셜리
우리가 숨쉬고 있는
공기에도 물이 있습니다.
바로 수증기입니다.
수증기는 기체 상태인
물을 말합니다.
이 수증기는 우리 눈으로
볼 수 없습니다.
이렇게 액체가 기체로
변하는 것을 증발이라고
합니다.

짹짹, 나도
몰랐던 거네!

올라간다!

프리즐 선생님만 달라진 모습을
눈치채지 못한 것 같았습니다.
선생님은 계속해서 운전만 하셨죠.
그런데 다리 한가운데에서 버스가 갑자기
공중으로 붕~

점점 높게……

그때 프리즐 선생님은 엄청나게 이상한
말씀을 하셨습니다.
"여러분, 모두 버스에서 내리세요!"
당연히 우리는 버스에서 안 내리려고 했죠.
그러자 선생님은 으름장을 놓았어요.
버스에서 내리지 않으면 숙제를 더 내주겠다고요.

난 차라리 숙제를
더 할래요.

어떤 아이들은 구름 밖으로 머리를 내밀고
아래를 내려다봤어요.
구름 아래엔 높은 산이 있었죠!
그리고 구름은 점점 더 높이 올라가고 있었습니다.

16

높이 올라갈수록 구름은 점점 더 차가워졌어요.
사방에서 물방울이 맺히기 시작했죠.
물방울은 점점 더 커졌고 우리는 점점 더 작아졌습니다!

물에 대한 사실 4
-플로리

구름은 물입니다.
높이 올라갈수록 공기는
점점 차가워집니다.
수증기가 위로 올라가면
찬 공기 때문에 수증기가
작은 물방울이 됩니다.
안개 상태로 공중에 떠 있는
물방울들이 바로 구름입니다.

살려 줘! 내 몸이
줄어들고 있어!

안 그래도
난 땅꼬마인데.

17

얼마 안 가서 우리는 모두 물방울 안에
들어갈 만큼 작아졌답니다. 그런데 이게 웬일이에요?
우리가 정말 물방울 속에 들어간 거예요.
물방울은 아래로 떨어지기 시작했습니다.
우리 반 모두 비가 되어 내렸지요!

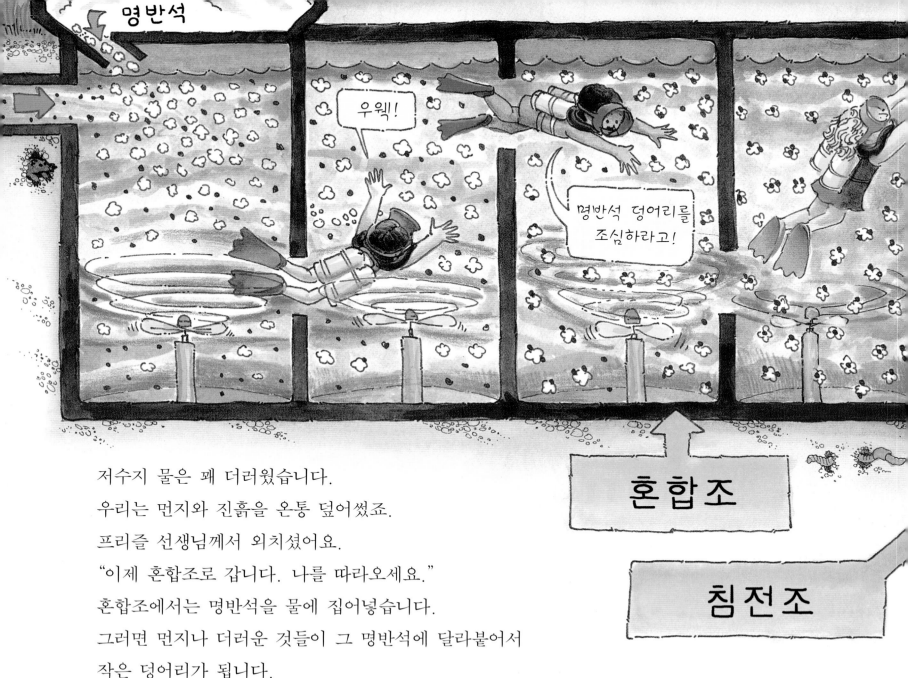

저수지 물은 꽤 더러웠습니다.
우리는 먼지와 진흙을 온통 덮어썼죠.
프리즐 선생님께서 외치셨어요.
"이제 혼합조로 갑니다. 나를 따라오세요."
혼합조에서는 명반석을 물에 집어넣습니다.
그러면 먼지나 더러운 것들이 그 명반석에 달라붙어서
작은 덩어리가 됩니다.

물에 대한 사실 6
—랠프

지구 위에 있는 물 중에서 우리가 마실 수 있는 맑은 물은 1퍼센트가 채 안 됩니다.
나머지는 바다에 있는 짠물이나 빙하, 만년설 같은 얼음입니다.

프리즐 선생님께서 다시 외치셨어요.
"침전조 쪽으로!"
침전조에서는 명반석 덩어리가 바닥에 가라앉고, 깨끗한 물이 위로 흘러 나갑니다.
이제 우리는 여과조 쪽으로 나아갔어요.

여과조에서 저장 탱크로 물을 보내는
파이프 안에 염소라는 화학 물질을 넣습니다.
염소는 아직 남아 있을지도 모르는 병균을
없애 버립니다.
우리한테 충치가 생기지 않도록 불소를 약간
넣기도 합니다.

이제 물은 정수장을 통과해서 깨끗해졌습니다.
우리는 오늘 견학이 여기에서 끝이라고 생각했어요.
하지만 프리즐 선생님한텐 다른 생각이 있었죠.
선생님께서 외치셨습니다.
"모두 저장 탱크로 들어가세요."

물에 대한 사실 7
－몰리

물이 투명하다고 해서
깨끗한 물이라고는
할 수 없습니다.
투명한 물에도 병균이
들어 있을 수 있습니다.

불소

염소

물에 대한 사실 8

아만다 제인

북아메리카에서 최초로
파이프를 만들 때에는
속을 파낸 통나무를
썼습니다.
오늘날에는 콘크리트,
금속, 플라스틱 들로
파이프를 만듭니다.

어느 틈엔가 우리는 탱크 밖으로 휙 빨려
나갔어요. 그러고는 물을 나르는 파이프를
따라 우리가 사는 도시로 흘러들어 갔습니다.

우리 버스는
어디 있는 걸까?

여러분, 나를
따라오세요.

27

그리고 우리는 상수도 본관으로 들어갔습니다.
상수도 본관은 도시의 큰길 아래 깔린
파이프입니다.

파이프를 통해서 물이 흘러가도록
하는 힘을 수압이라고 해요.
자, 여러분, 물이 흐르는 곳으로
따라가세요.

28

우리가 좀 더 가느다란 파이프로 옮겨 타니까,
어느 건물이 나타났습니다.
우리는 벽 안에 있는 더 작은
파이프를 따라 계속 위로 올라갔습니다.

물에 대한 사실 9
-아널드
수압은 대개 아주 강합니다.
수도꼭지를 열었을 때에
아무리 세게 틀어막아도,
손가락 사이로 물이 샐
정도입니다.

어떤 6학년 누나가 여자 화장실 수도꼭지를 열자,
우리는 수도꼭지에서 튀어나왔습니다.
이 건물은 우리 학교였어요!
드디어 학교로 돌아온 거예요!
몸도 다시 원래 크기로 돌아왔고요!
물론 잠수복도 보통 옷으로 변했죠!
(프리즐 선생님 옷만 빼고요.)

다시 교실로 돌아오자, 프리즐 선생님은
마치 아무 일도 없었던 척하셨습니다.
선생님은 반에서 기르는 도마뱀한테
먹이를 주기 시작하셨죠.
그리고 우리한테는 곧바로 과제를 내주셨어요.
수돗물이 어떻게 우리가 사는 곳까지 이르는지,
그림을 그리면서 설명하라셨죠.

리즈, 밥 먹으렴.

32

아널드가 빗방울 안에 들어가 있는
아이를 그렸습니다.
그러자 선생님께서 말씀하셨어요.
"아널드, 이런 어이없는 생각을 어떻게 했니?"

그날 오후에 우리는 주차장에서 우리가 탔던
고물 스쿨 버스를 봤습니다.
어떻게 그 버스가 주차장으로 왔을까요?
상수도를 타고 돌아다닌 일은
그저 우리가 상상한 일이었을까요?
뭐가 뭔지 하나도 모르겠습니다.

마지막으로 구름 위에서
저 버스를 봤던 것
같은데······, 아닌가?

프리즐 선생님께서는 다음엔 화산에 대해
공부하겠다고 말씀하셨습니다.
우린 모두 굉장히 불안해졌죠.
프리즐 선생님 같은 분한테 배운다면 무슨 일이
일어날지 정말 알 수 없으니까요.

이 부근에는
화산이 없을 텐데?

화 산

지은이가 덧붙이는 말
(진지하게 공부하고 싶은 학생들만 보세요)

이 글은 과학적인 사실을 갖고 농담하는 것을 좋아하지 않는 진지한 학생들을 위해서 쓴 것입니다. 이 글을 읽으면 이 책에서 어떤 부분이 사실이고 어떤 부분이 지은이가 농담한 것인지 알 수 있습니다. (그러니까 이 글을 보면 책을 읽을 때에 언제 웃으면 좋은지 알 수 있을 테죠.)

8페이지: 오래된 빵 조각 위에 자라는 푸른곰팡이는 실처럼 가느다란 세포로 이루어져 있습니다. 실제로 곰팡이가 말을 한다거나 소리를 내지는 않습니다.

9페이지: 식물한테는 손이 없으며, 식물은 선글라스를 쓰지도 않습니다. 또 흙에는 햄버거, 감자튀김, 밀크셰이크 같은 음식이 들어 있지 않습니다.

13페이지: 껌껌한 터널을 지나간다고 해서 저절로 잠수복을 입게 되지는 않습니다.

14-15페이지: 중력 때문에 스쿨 버스는 하늘로 날아서 올라갈 수 없습니다. 아무리 학교 수업에 빠지고 싶더라도, 버스가 공중으로 떠올라 구름 속으로 들어가는 일은 일어나지 않습니다.

16-31페이지: 어린이들이 줄어들고, 빗방울 속으로 들어가고, 시냇물에 떨어지고, 정수장 안에 들어갈 수는 없습니다. 그리고 남자 어린이도 여자 어린이도 여자 화장실 수도꼭지를 통해 나올 수 없습니다.
(남자 어린이들이 여자 화장실에 들어갈 수 없다는 것은 모두 다 알고 있겠죠?)

34-35페이지: 여러분이 살고 있는 마을이나 도시에서는 산에 있는 저수지에서 수돗물을 끌어 쓰는 것이 아닐 수도 있으며, 여러분이 사는 동네에서는 이 책에서 나오는 방법과 조금 다른 과정을 통해 정수 처리를 할지도 모릅니다. 강이나 호수, 우물에서 물을 끌어 쓰는 동네가 많이 있습니다. 여러분들은 자기가 쓰는 수돗물이 어디서 오는지, 그리고 어떻게 정수되는지 알고 있나요?

36페이지: 일단 구름에 두고 온 버스가 갑자기 혼자 학교 주차장에 나타날 수는 없습니다. 분명히 누군가는 구름으로 돌아가서 다시 운전해서 돌아와야 합니다.

글쓴이 조애너 콜은

어렸을 때부터 벌레나 곤충에 관한 책을 즐겨 읽는, 과학을 좋아하는 영리한 소녀였다. 책을 쓸 때는 항상 먼저 자료 조사를 충분히 거친 후
박물관을 직접 방문하거나 현장 답사를 하고, 전문가들과 인터뷰를 하는 등 철저한 사전 준비를 하는 것으로 유명하다.
「신기한 스쿨 버스」 시리즈를 비롯한 많은 책들로 《워싱턴 포스트》지 논픽션 상, 미국 도서관 협회 선정 올해의 어린이 책,
어린이 책에 기여한 공로로 주는 데이비드 맥코드 문학상 등 많은 상을 수상했다.

그린이 브루스 디건은

1945년 미국에서 태어나 뉴욕 쿠퍼 유니언 대학과 프라트 대학에서 일러스트를 전공했다. 한때 아이들에게 미술을 가르치기도 했으며,
「신기한 스쿨 버스」의 프리즐 선생님이나 아이들처럼 밝고 익살스럽고 활기찬 성격을 갖고 있다. 자신이 그린 그림 중 가장 인상적인 캐릭터로
프리즐 선생님을 꼽을 정도로 「신기한 스쿨 버스」에 대한 애착이 남다르며 현재까지 40권이 넘는 어린이 책을 쓰고 그렸다.

옮긴이 이강환은 서울대학교 천문학과를 졸업하고, 같은 대학 대학원에서 박사 학위를 받았다. 현재 국립 과천 과학관에서 근무하고 있다.
옮긴 책으로는 여러 권의 「신기한 스쿨 버스」 시리즈가 있다.

신기한 스쿨 버스